BEI GRIN MACHT SICH IHR WISSEN BEZAHLT

- Wir veröffentlichen Ihre Hausarbeit,
  Bachelor- und Masterarbeit

- Ihr eigenes eBook und Buch -
  weltweit in allen wichtigen Shops

- Verdienen Sie an jedem Verkauf

Jetzt bei www.GRIN.com hochladen und kostenlos publizieren

Sebastian Zollner

Gouvernementalität nach Michel Foucault. Einführung in die Theorie der Gouvernementalität

GRIN Verlag

Bibliografische Information der Deutschen Nationalbibliothek:

Die Deutsche Bibliothek verzeichnet diese Publikation in der Deutschen National-
bibliografie; detaillierte bibliografische Daten sind im Internet über http://dnb.d-
nb.de/ abrufbar.

Impressum:

Copyright © 2013 GRIN Verlag GmbH
Druck und Bindung: Books on Demand GmbH, Norderstedt Germany
ISBN: 978-3-656-43835-9

Dieses Buch bei GRIN:

http://www.grin.com/de/e-book/210911/gouvernementalitaet-nach-michel-foucault-
einfuehrung-in-die-theorie-der

JULIUS-MAXIMILIANS UNIVERSITÄT WÜRZBURG
INSTITUT FÜR POLITIKWISSENSCHAFT UND SOZIALFORSCHUNG
NEUERE THEORETISCHE ANSÄTZE DER SOZIOLOGIE
WINTERSEMESTER 2012/2013

Gouvernementalität

nach Michel Foucault

Sebastian Zollner

26.11.2012

Inhalt:

1. Einleitung

Die Verschriftlichung des Referats zur *Gouvernementalität nach Foucault* vom 13.11.2012, gehalten an der Julius-Maximilians Universität Würzburg, soll die zentralen Gegenstände des Vortrags nochmals fixieren. Im Verlauf dessen wird festgehalten was man unter dem Begriff *Gouvernementalität* zu verstehen hat und wie sich der Begriff linguistisch gesehen zusammensetzt. Dazu gehört ebenfalls eine kurze Einordnung in Michel Foucaults Werk, sowie Hinweise auf seine Arbeitsmethodik. Weiterhin soll der historische Prozess der *Gouvernementalisierung* kurz skizziert und auf wichtige Meilensteine hingewiesen werden, bevor die Funktionen des ‚neuen Regierungstyps‘ der Gouvernementalität vorgestellt werden. Abschließend wird noch ein Ausblick auf Foucaults Ausprägungen der Gouvernementalität gegeben, die aber nicht mehr elementarer Bestandteil seines Vortrags vom 1. Februar 1978 am *Collège de France* sind und nur um der Vollständigkeit und Abgeschlossenheit des Referats Rechnung zu tragen angeführt werden.

2. Was ist Gouvernementalität?

Eine oftmals in der Sekundärliteratur angewandte Übersetzung des französischen Begriffs *gouvernementalité* scheint auf den ersten Blick plausiblen Aufschluss über die Semantik des Begriffs zu geben: Regierungsmentalität. Allerdings ist eine Zusammenziehung der frz. Substantive *gouvernement* und *mentalité* hier nicht vorzunehmen, sondern man muss das Augenmerk vielmehr auf das adjektivische Ursprungswort *gouvernemental* legen, was lediglich so viel bedeutet, wie ‚die Regierung betreffend‘, um bei der Begriffsbestimmung nicht auf die falsche Fährte gelockt zu werden. Man könnte hier Foucault bestenfalls die Absicht unterstellen mit den Worten gespielt zu haben, um die Tendenz seines Begriffs schon anzudeuten. Aus dieser sprachwissenschaftlichen Perspektive lässt sich allerdings vorerst noch nichts Weiteres über die inhaltliche Tragweite der Gouvernementalität feststellen, außer, dass er eine wie auch immer geartete Regierung in den Mittelpunkt stellt.

1

In seiner Vorlesung *Sicherheit, Territorium und Bevölkerung* aus dem Jahre 1977 füllt Michel Foucault diese zunächst leere begriffliche Hülse mit Eigenschaften, die er feststellt und ihr zuschreibt. Foucault reagiert damit auf Kritik an seiner bisherigen Konzeption des Machtbegriffs, die ihm vorwirft das Verhältnis zwischen Gesellschaft und Macht zu vernachlässigen. Das Mittel der Diskurs- bzw. Aussagenanalyse dient ihm hierbei als Grundlage, um sich dem Phänomen der Gouvernementalität zu nähern. Letztlich definiert er das Konzept der Gouvernementalität umfassend, weshalb es hier unumgänglich ist eine Reduktion der komplexen Definition vorzunehmen. Diese kann man nach drei Aspekten unterteilen, auf welche im Folgenden konkreter eingegangen wird.

1. Institutioneller und funktionaler Aspekt:

„Unter Gouvernementalität verstehe ich die Gesamtheit, gebildet aus den Institutionen, den Verfahren, Analysen und Reflexionen, den Berechnungen und den Taktiken, die es gestatten, diese recht spezifische und doch komplexe Form der Macht auszuüben, die als Hauptzielscheibe die Bevölkerung, als Hauptwissensform die politische Ökonomie und als wesentliches technisches Instrument die Sicherheitsdispositive hat.“
(Foucault (2003): Die ‚Gouvernementalität‘ (Vortrag). S. 820.)

Dieser Aspekt wird in Punkt 4. *Wie funktioniert Gouvernementalität?* näher erläutert. Darin enthalten sind Bezüge zu Foucaults Machtbegriff und normative Vorgaben zum ‚guten Regieren‘ und mit welchen Maßnahmen es erreicht werden kann.

2. Realtypischer Aspekt

„Zweitens verstehe ich unter Gouvernementalität die Tendenz oder die Kraftlinie, die im gesamten Abendland unablässig und seit sehr langer Zeit zur Vorrangstellung dieses Machttypus, den man als 'Regierung' bezeichnen kann gegenüber allen anderen - Souveränität, Disziplin - geführt und die Entwicklung einer ganzen Reihe spezifischer Regierungsapparate einerseits und einer ganzen Reihe von Wissensformen andererseits zur Folge gehabt hat.“ (Foucault (2003): Die ‚Gouvernementalität‘ (Vortrag). S. 820.)

In Punkt 5. *Ausprägungen des „Regierens"* wird ein Ausblick auf aktuelle Formen, besser gesagt Regierungstypen, gegeben welche mit dem Begriff der Gouvernementalität erfassbar sind.

3. Historischer Aspekt

„Schließlich glaube ich, dass man unter Gouvernementalität (...) das Ergebnis des Vorgangs verstehen sollte, durch den der Gerechtigkeitsstaat des Mittelalters, der im 15. und 16. Jahrhundert zum Verwaltungsstaat geworden ist, sich Schritt für Schritt 'gouvernementalisiert' hat. (...) Diese Gouvernementalisierung des Staates ist das Phänomen gewesen, das es dem Staat ermöglicht hat, zu überleben. (...) Wir leben im Zeitalter der Gouvernementalität (...)." (Foucault (2003): Die ‚Gouvernementalität' (Vortrag). S. 820f.)

Zunächst soll aber kurz der historische Prozess dargestellt werden, aus dem auch Foucault seine Erkenntnisse über die Gouvernementalität gewinnt, indem er verschiedene ‚Ratgeber' für Regierende analysiert und gegenüberstellt.

3. Gouvernementalisierung

Bevor sich Foucault der ‚Kunst des Regierens' widmet, stellt er deutlich heraus, dass der Begriff des Regierens im 16. Jahrhundert ein heterogener ist. So unterscheidet er zwischen dem ‚Wer regiert' und dem ‚Was wird regiert': Ein Individuum muss sich selbst regieren, für die Seelen-/Lebensführung sind Kirchen zuständig, für Kinder ist es die Erziehung und letztlich gibt es noch den Fürsten, der seinen Staat regiert. An dieser Stelle setzt Niccolò Machiavelli mit seiner ‚Kunst des Regierens' ein, der das Verhältnis und die Aufgaben des Fürsten gegenüber der Bevölkerung in seinem Werk *Il principe* beschreibt. So ist die Beziehung zum Volk durch drei Eigenschaften im Verhältnis zum Fürsten charakterisiert: Erstens die Singularität, was bedeutet, dass der Fürst der Einzige ist, der regiert. Zweitens die Exteriorität, welche meint, das der Fürst immer jemand von außen in den Staat Eingeführtes (entweder durch Erbschaft, Erwerb oder Gewalt) ist, sowie drittens die Transzendenz, die das Gefälle beschreibt, dass dem Fürsten seine einzigartige Stellung sichert. Dem Fürsten von Machiavelli geht es nicht in erster Linie darum den öffentlichen Nutzen herbeizuführen (was aber durchaus Effekt seiner Politik sein kann), sondern das Verhältnis zu dem was er besitzt zu festigen und zu sichern, etwa gegen die Bedrohung von Feinden im Inneren wie im Äußeren. Um seine *Souveränität* zu verteidigen regiert er mit *Gesetzen*, welchen sich die Untertanen zu ihrem ‚Gemeinwohl' unterwerfen. Im Gegensatz dazu hat sich in den folgenden zwei

3

Jahrhunderten eine ausgeprägte Anti-Machiavelli-Literatur herausgebildet, die Konzepte entgegen des Souveränitätsbegriffs entwickeln. Foucault greift hierbei auf Guillaume de La Perrières *Neue Kunst des Regierens* zurück. In dieser legt de La Perrière zunächst einige begriffliche Neuerungen fest, so ist seiner Ansicht nach Regieren das „richtige Verfügen über die Dinge, deren man sich annimmt, um sie dem angemessenen Zweck zuzuführen." Eng damit verbunden ist die aufsteigende bzw. absteigende Kontinuität des Regierens. Wer einen Staat gut (im Sinne der Ökonomie[1]) regieren können will muss zunächst sich selbst (Selbstführung, Selbstdisziplin, Selbstmanagement), in einem weiteren Schritt seine Familie und seinen Besitz regieren. Sind beide Stadien positiv durchlaufen kann am Ende auch ein Staat gut regiert werden. Für die Selbstführung der Regierten ist also umgekehrt wichtig, dass ein Staat gut regiert wird, um die Familie und Güter angemessen zu verwalten. Ist man dadurch zufrieden kann man auch sich selbst gut führen. Um dieses zu gewährleisten führt die Regierung die ‚Policey' ein, eine Regierungstechnik, um die innere Ordnung aufrechtzuerhalten. Damit ist auch der Alleinherrschaftsanspruch des Fürsten getilgt, denn in diesem Konzept tauchen wieder mehrere ‚Regierende' auf. Im Gegensatz zur Souveränität, gebraucht die *Regierung* allerdings kaum Gesetze, sondern eher Richtlinien und Taktiken. Sie muss nämlich die Verantwortung für einen Komplex aus Menschen und Dingen übernehmen (= Vielheit spezifischer Ziele[2]) und dabei alle möglicherweise eintretenden Ereignisse berücksichtigen. Zentraler Dreh- und Angelpunkt in diesem Regierungskonzept sind also die Familien (vgl. aufsteigende und absteigende Kontinuität). In Folge dessen waren die Regierungen bemüht ihre Politik an der realen Wirklichkeit zu orientieren, woraus sich die Staatsräson herausbildete. Allerdings hemmte diese zunächst auch die Weiterentwicklung des Regierens, da im 17. Jahrhundert etwa der 30-jährige Krieg die Realpolitik bestimmte. Ebenfalls hemmend wirkte sich der Merkantilismus auf das Regieren aus, welcher zunehmend die Stellung der Fürsten zementierte. Der Übergang von einer Kunst des Regierens zu einer politischen Wissenschaft, konnte dann erst im 18. bzw. 19. Jahrhundert erfolgen,

---

[1] Ökonomie ist hier noch nicht im heutigen Sinne zu verstehen, sondern vielmehr als „rechtmäßige Regierung des Hauses zum gemeinschaftlichen Wohl der ganzen Familie".
[2] Vgl. dazu das Hauptziel des Fürsten bei Machiavelli, lediglich sein Verhältnis zu Land und Bevölkerung zu sichern.

dadurch, dass die Strukturen der Souveränität durch verschiedene Entwicklungen aufgebrochen wurden. Dazu zählen zum einen die veränderte wirtschaftliche Gesinnung, namentlich die Nationalökonomie Adam Smiths, welche nun nicht mehr die Familie ins Zentrum ihres Interesses stellt, sondern die gesamte Bevölkerung und zum anderen die Geburt der Statistik, als Wissenschaft von den Daten über den Staat. Unmittelbar damit einhergehend, vielmehr sogar die Voraussetzung für beide eben genannten Entwicklungen ist die Bevölkerungsexplosion, welche die Regierung vor die Herausforderung stellt, dass nun andere Gesetzmäßigkeiten als zuvor für Familien gelten. Es müssen also neue Techniken des Regierens gefunden werden, die im Zeichen einer politischen Ökonomie zu stehen haben. Wie diese aussehen zeigt uns der nächste Schritt, der Übergang zum institutionellen und funktionalen Aspekt von Foucaults Definition.

4. Wie funktioniert Gouvernementalität?

Foucaults ‚neuer Machttypus‘ fußt auf dreierlei Aspekte: Der Pastoralmacht, der zufolge die Regierung wie ein „mächtiger Hirte über eine Herde wacht", sich um eine Menge an Menschen sorgt, den Einzelnen in dieser Gesamtheit allerdings nicht übersieht. Als zweiter Bestandteil die Polizei, welche „die Gesamtheit von Gesetzen und Regelungen, die das Innere der macht dieses Staates verfolgen, [ist] und deren Ziel es ist, seine Kräfte richtig zu gebrauchen." Auf Basis der Statistik entwickelt sich die Staatsräson weiter. Sie kann nun auf Daten zurückgreifen, die Probleme und Prozesse in der Bevölkerung auf die politische Agenda bringen. Die Regierung sollte nach Foucault, der dabei auf de La Perrière zurückgreift, aber gut regieren, wozu er drei Eigenschaften als notwendig ansieht:

- *Geduld*, in dem Sinne, dass Gewalt nicht der wesentliche Bestandteil des Regierens ist
- *Weisheit*, in dem Sinne, dass die Regierung Kenntnis über die Dinge und Ziele ihrer Politik hat und über die entsprechenden Instrumente verfügt, um diese zu erreichen.

- *Beflissenheit*, in dem Sinne, dass die Regierung immer so regiert, als stünde sie im Dienste der Regierten.

Die politische Ökonomie legt dabei fest, in welchem Maß regiert werden soll, d.h. welche Regierungsinterventionen die Richtigen oder Falschen sind. Als Regierungstechnologie, führt Foucault die sogenannten *Sicherheitsdispositive* als sozialtechnologische Instrumente auf. Diese reagieren auf statistisch ermittelte, als Gefahren wahrgenommene Vorgänge in der Bevölkerung und versuchen die Vermeidung von Extremen. Solche Maßnahmen können sich aus der Sozialpolitik, der Gesundheitspolitik und der polizeilichen Überwachung zusammensetzen. Oftmals ist der Bevölkerung dabei nicht bewusst, dass sie indirekt beeinflusst wird, da für diese Machttechnik nicht der Gehorsam der Menschen eingefordert wird.

5. Ausprägungen des „Regierens"

Dieser Abschnitt bezieht sich nun auf den zweiten Aspekt der foucaultschen Definition von Gouvernementalität, welcher in seinem, diesem Referat zugrundliegenden Vortrag ‚Die Gouvernementalität' weitgehend unerwähnt bleibt. Deswegen sollen die Ausprägungen der Regierungsrationalität an dieser Stelle ebenfalls lediglich aufgezeigt werden. Dabei handelt es sich um die in dieser Arbeit bereits vorgestellte Staatsräson, den Liberalismus und den darauffolgenden Neoliberalismus. Diesen Rationalitäten des Regierens liegen spezifische Ziele, wissenschaftliche Disziplinen und Regierungsinstrumente zu Grunde. Bei der Staatsräson wäre das Ziel auf Probleme und Gefahren in der Bevölkerung einzuwirken, die wissenschaftliche Disziplin die Statistik und das wesentliche Regierungsinstrument wären die Sicherheitsdispositive.

6. Kurzes Fazit

Was man zum Schluss noch bemerken sollte ist, dass die allgemeine Bedeutung von Gouvernementalität ein in Raum und Zeit veränderliches Denksystem ist, das bestimmt auf welche Weise „man das Verhalten der Menschen steuert".

7. Quellen

Bröckling, Ulrich (Hg.) (2000). Gouvernementalität der Gegenwart. Studien zur Ökonomisierung des Sozialen. Frankfurt am Main: Suhrkamp.

Foucault, Michel (2005). Die 'Gouvernementalität' (Vortrag). In: Defert, Daniel (Hg.). Dits et écrits. Schriften in vier Bänden. Bd. 3: 1976 - 1979. Frankfurt am Main: Suhrkamp. S. 796-823

Foucault, Michel (2006): Sicherheit, Territorium, Bevölkerung. Geschichte der Gouvernementalität I. . Frankfurt am Main: Suhrkamp

Foucault, Michel (2010): Kritik des Regierens. Schriften zur Politik . Frankfurt am Main: Suhrkamp.

Kleiner, Marcus S. (2001): Michel Foucault. Eine Einführung in sein Denken. Frankfurt am Main: Campus.

Krasmann, Susanne/Volkmer, Michael (Hg.) (2007). Michel Foucaults "Geschichte der Gouvernementalität" in den Sozialwissenschaften. Internationale Beiträge. Bielefeld: transcript.

Lemke, Thomas (1997): Eine Kritik der politischen Vernunft. Foucaults Analyse der modernen Gouvernementalität. Hamburg: Argument.

Lemke, Thomas (2007). Gouvernementalität und Biopolitik. Wiesbaden: VS Verlag für Sozialwissenschaften.

Ruoff, Michael (2007): Foucault-Lexikon. Entwicklung-Kernbegriffe-Zusammenhänge. Paderborn: Fink.

Sarasin, Philipp (2005): Michel Foucault zur Einführung. Dresden: Junius.